내가 만난 아이들

내가 만난 아이들

1판 1쇄 2025년 10월 01일

ISBN 979-11-994458-0-2
지은이 : 김미정
출판사명: 글공작소 비전

출판등록 : 제 2025-000014호
전자우편 : mijung6656@naver.com
인스타그램 아이디: mijung0324

잘못 만들어진 책은 구입하신 곳에서 교환해 드립니다.
본 책은 저작자의 지적 재산으로서 무단 전재와 복제를 금합니다.

내가 만난 아이들

프롤로그
「아이들 곁에서」

한 아이, 한 아이를 떠올리면
작은 우주 하나가 마음에 피어납니다.

말간 눈빛으로 질문하던 아이,
몰래 울다 웃음으로 돌아오던 아이,
익숙한 듯 낯설고,
서툰 듯 빛나던 아이들.

나는 그 곁에서 웃었고,
그 곁에서 배웠고,
그 곁에서 시를 썼습니다.

이 시집은
특별한 날에 쓴 것도,
거창한 감정으로 시작한 것도 아닙니다.

그저 한 아이를 사랑하는 순간순간이 글이 되어
여기에 모였습니다.

아이들과 함께한 시간,
그 찬란하고 단단한 이야기들을
당신에게도 살며시 건넵니다.

차례

프롤로그 「아이들 곁에서」	4
민서라는 이름의 햇살	10
현서의 날개	12
은찬이 지나간 자리엔	14
선우라는 이름의 단단함	16
바람 속의 준성이	18
시현이라는 이름의 낭만	20
수한이라는 캔버스	22
당당한 걸음, 민홍	24
시원이라는 마법	26
조용한 힘, 준형	28
준서라는 시작	30
반짝이는 혜성	32
성은이라는 이름엔 힘이 있다	34
따뜻한 숨결, 채진	36
요은이라는 선율	38
하진이라는 겉과 속	40
품격있는 은준	42

서율이의 자리엔 늘 봄빛이 머문다	44
스스로 빛나는 주현	46
태서는 흔들림 없이 선다	48
민우는 웃음 뒤에 진심을 숨긴다	50
함박웃음, 성윤	52
양태경, 빛은 조용히 번진다	54
소신있는 정현	56
믿음직한 채훈	58
웃음 열정맨, 유광	60
말 속에 중심, 지한	62
빛나는 중심, 수민	64
건우는 울림으로 말하는 아이	66
팔방미인, 혜인	68
노윤이라는 이름의 빛	70
연두는 달리는 별	72
손준익, 웃음으로 달리는 생각의 빛	74
박준우는 오늘도 달려갑니다	76
민건이라는 이름의 든든함	78

진재원, 웃음 속에 반짝이는 별	80
이유준의 하루는 이야기로 빛나	82
도현이는 늦게 와도 중심이야	84
서연이는 맑은 꽃잎이에요	86
지연이의 아름다운 마음	88
김시현, 마음이 예쁜 아이	90
조용한 불꽃, 지운이	92
책 속을 걷는 아이, 민준이	94
서현이는 야무진 별빛	96
마음의 고요함, 규린	98
수줍은 별, 송현우	100
조그만 빛, 이향하	102
유화는 유화의 속도로	104
과학을 품은 마음, 박현진	106
천천히 피는 말꽃, 이현우	108
작지만 큰 빛, 류빈이	110
눈꽃처럼 반짝이는 송이	112
오늘 뭐해요? 오주현	114

밝은 웃음, 박상훈	116
언어보다 더 빛나는 마음, 이지현	118
작지만 반짝이는 웃음, 승일이	120
예승이의 조용한 용기	122
그림처럼 맑은 아이, 승연이	124
찬유는 말과 글로 빛나는 별	126
글 속에 피는 마음, 양현서	128
조용한 설득의 별, 이윤민	130
코멘트의 여왕, 황현서	132
늦게 핀 결심, 김예영	134
도윤이는 웃으며 자라는 아이	136
깊은 눈빛, 서윤	138
섬세한 지우	140
멋진 에너지, 안서연	142
뜨거운 마음, 태윤	144
서안이 웃음꽃	146
당찬 목소리, 지훈	148
에필로그 「아이들은 시가 된다」	150

민서라는 이름의 햇살

어느 날
내게 "엄마"라며 달려온 아이가 있었다
이름은 민서,
맑은 하늘처럼 웃는 아이였다

말끝마다 햇살을 달고
작은 일에도 고마움을 품어
세상이 참 괜찮은 곳이라 믿게 했다

방송부 마이크를 잡으면
아이의 목소리는 교실마다 퍼졌고
글을 쓰면,
한 글자 한 글자에 마음이 닿았다

토론 시간엔
작은 어깨에서 흘러나오는 논리의 물결
순수함 속에 깃든 단단함이
내 마음을 뭉클하게 했다

그 아이를 떠올리는 순간,
내 하루가 조금 더 반짝인다
민서라는 이름,
내 일상에 걸어 들어온
가장 따뜻한 소리

현서의 날개

조용한 눈빛 뒤
뜨겁게 숨 쉬는 계절이 있다
누구보다 많은 꿈을 꾼다는 걸
나는 안다

말하지 않아도 느껴지는
마음속의 무대,
빛을 기다리는 춤,
울림을 간직한 노래

세상이 아직
너의 불꽃을 다 받아줄 준비가
되지 않았을 뿐
너는 이미 그 안에서 자라고 있었지

숨긴다는 건
약함이 아니라,
더 멀리 날기 위한
단련임을 믿는다

현서야,
너의 날은 반드시 온다
네 안의 태양이
스스로를 밝히는 그날

나는 기도할게
네가 스스로를 꺾지 않도록
네 날개가 주저앉지 않도록
누구보다 크게,
아름답게 날기를

그리고 그 순간,
너의 열정이 처음 하늘을 만나는
그 찬란한 날에
가장 먼저 박수치고 싶은 사람이
나였으면 좋겠어

은찬이 지나간 자리엔

은찬이 지나간 자리엔
웃음이 피어난다
들꽃처럼 환하고
노래처럼 가볍고
춤처럼 반짝이는

전교생을 이끄는 회장이면서도
누구보다 먼저 손 내밀 줄 아는 아이
눈높이를 맞춰주고,
마음을 나눌 줄 아는
그 품이 따뜻한 아이

발걸음마다 리듬이 있고
마음속엔 멜로디가 흐른다
하루라는 무대 위에서
노래하고, 춤추며
모두의 마음을 들썩이게 만드는 은찬

해피바이러스라는 이름이
딱 어울리는 아이
함께 있으면
괜히 웃게 되고
괜히 힘이 나고
괜히… 좋아진다

은찬이라는 빛
그 빛 아래 있는 모두는
자연스럽게 웃는다
그 아이의 배려와 끼는
우리 마음에 오래오래
반짝이는 잔상으로 남는다

선우라는 이름의 단단함

바람이 불어도
흔들리지 않는 나무가 있다
크게 말하지 않아도
신뢰를 주는 존재가 있다
그게 바로, 선우야

늘 제 할 일을 묵묵히 해내며
말보다 행동으로 진심을 보여주는 아이
한 걸음, 한 걸음
성실로 쌓아 올리는 하루

모든 일에 조심스럽고
예의로 마음을 가다듬는 모습은
누구보다 맏이답고
누구보다 어른스럽다

선우가 있으면
괜히 안심이 된다
조용한 믿음을 주는 사람,

그런 사람은 흔하지 않다

고요한 바다처럼 깊고
잘 닦인 길처럼 단정한
그 품위 있는 마음씨가
오늘도 주변을 따뜻하게 감싼다

말없이 빛나는 별,
바로 너, 선우야
네가 있는 자리엔
신뢰와 평온이 머문다

바람 속의 준성이

요즘의 너는
조용한 들판에 불어오는
혼란스런 바람 같다
스스로를 붙잡고 싶지만
손 안에서 흩어지는 감정들에
조금씩 지쳐가는

그래도 나는 안다
그 안에 얼마나 단단한 네가 있는지
친구들과 웃고,
작은 말에도 귀 기울이며
이 시간을 스스로 통과해보려
애쓰는 네 마음을

사춘기란 이름의 파도 위에서
너는 항해 중이다
때로는 고개를 숙이지만
결국 다시 고개를 드는 너

그리고 어느 날
마음속에서 무언가 반짝일 때
글이 되어 쏟아지는 너의 감성은
정말, 누구도 따라갈 수 없지
그 열정, 그 진심
그건 너만의 빛이야

준성아,
지금의 혼란도
너를 더 멋진 사람으로 만들어가는
귀한 조각이 될 거야
나는 믿는다
너는 반드시,
스스로를 넘어설 거라는 걸

시현이라는 이름의 낭만

요즘의 시현이는
어딘가,
바람이 살짝 젖어 있는 창가에 서 있는 듯해

조금은 쎈치하고
조금은 깊어지고
감성이라는 물빛 안에서
자신만의 문장을 건져 올리는 아이

요즘 글 좀 쓴다며
쑥스레 내민 노트 속엔
낭만이 묻어 있고
고요한 마음이 흐른다

그 감성은 허투루 만든 게 아니라
진심으로 곱씹고,
누군가의 마음까지 닿기를 바라는
깊은 마음의 결과지

친구와 나눌 때도
시현이는 늘 한결같아
흔들리지 않고
조용히 옆에 서 있어주는 사람

아마 사랑을 하게 되면
너무 잘해줄 것 같아
꽃 한 송이, 편지 한 줄에
온 마음을 담아 줄 것 같은 사람

시현이라는 이름,
그건 단지 한 사람의 이름이 아니라
누군가의 기억에 오래 남을
따뜻한 이야기 한 편

수한이라는 캔버스

수한이의 재잘거림과 눈빛은
무언가를 그리고 있다
자기만의 선으로
자기만의 색으로
세상을 그려내는 아이

가끔은
다른 아이들이
이해하지 못할 때도 있지만
그건 단지
세상의 언어보다
마음의 언어에 더 익숙한 탓

그림 앞에 앉은 수한이는
진짜 화가처럼 멋지다
붓을 드는 손끝엔
묵직한 열정이 담겨 있고
몰입하며 집중하는 모습에
자신만의 우주가 있다

수한이가 좋아하는 걸
멈추지 않기를 바란다
누구의 기준이 아닌,
자신만의 기준으로
계속 그려 나가길 바란다

수한이라는 캔버스엔
아직 그리지 않은
아름다운 꿈이 많다
나는 믿는다
그 인생이라는 그림이 언젠가
세상까지 널리 퍼지리라는 걸

당당한 걸음, 민홍

민홍이 얼굴엔
늘 당당함이 걸려 있다
작은 일에도 주눅 들지 않고
큰 일 앞에서도 눈빛이 흔들리지 않는 아이

"내가 할 수 있어요"
그 말이 민홍이 입에선
빈말이 아니란 걸
우린 다 안다

부회장 선거 연설에서
모두가 고개를 끄덕였지
말에는 힘이 있었고
마음에는 진심이 담겨 있었다

언변력!
그건 타고난 무기고
그건 민홍이의 가장 멋진 땀이다

시험공부에도
마치 대회에 나가듯 임하는 자세
당연히 잘하고 싶어서가 아니라
항상 최선을 다하고 싶어서

민홍이는 리더다
그건 직책 때문이 아니라
사람들의 마음을 움직일 줄 알기 때문이야

그 당당한 걸음
그 반짝이는 자신감
그 속엔
누구보다 노력하는 마음이 담겨 있다

민홍이라는 이름,
그건 하나의 에너지고
한 편의 응원이다

시원이라는 마법

시원이 곁에만 있어도
공기가 조금 더 가벼워진다
무거운 분위기엔
한 마디 농담으로 금세 환한 틈을 내는
유쾌한 마법사

장난도 슬쩍,
웃음도 슬쩍,
친구들의 얼굴에 피어나는 미소는
시원이의 대표작 중 하나지

그런데 웃기기만 한 건 아니야
말을 할 땐 또렷하고 논리정연해
상대가 뭐라 하든
자신만의 생각을 똑바로 말하는 모습은
누가 봐도 멋지지

어른 앞에서도 기죽지 않고
자신의 감정을 당당히 표현할 줄 아는

용기 있는 마음

가볍지 않은 웃음을 주는 아이
진심을 바탕으로
마음을 열고,
말을 건네고,
세상을 유쾌하게 살아가는 사람

그래서 시원이와 함께 있으면
자꾸 더 함께 있고 싶어진다
말 한마디에도, 웃음 하나에도
진짜가 담겨 있으니까

조용한 힘, 준형

많은 말을 하지 않아도
준형이는 마음이 전해진다
거친 장난도 웃으며 넘기는
그 넓은 품에서
우린 따뜻함을 배운다

운동하면서
땀이 흐르는 걸 마다하지 않고
함께 달리고, 함께 웃는
준형이의 모습은
누구보다 활기차고 살아 있다

공부도
조용히, 그러나 열심히
누구 눈에 띄지 않아도
자신과의 싸움에서
조금씩 이겨가는 모습이
참 기특하다

준형이는
겉으로 말하지 않아도
속으로 깊이 준비하는 아이
자신의 길을
성실히, 묵묵히
걸어 나가는 사람

나는 바란다
그 조용한 열정이
어느 날 커다란 빛이 되어
준형이라는 이름으로
세상 위에 당당히 서기를

네가 개척할 미래는
지금처럼 진심을 담은 걸음 위에
반짝일 거야

준서라는 시작

아직 오래 알지는 않았지만
준서라는 이름은
처음부터 마음에 스며들었다
말 한마디,
표정 하나에서도
참 진득하고 따뜻한 기운이 느껴졌다

무엇이든
함께하려는 마음이 예쁘고
친구들과 부딪히며 웃는 모습이
참 보기 좋았다

눈에 띄진 않아도
조용히 옆에서 최선을 다하고
할 수 있는 걸,
차근차근 해내는 모습이
진심을 말해주는 것 같았다

준서의 안에는

잔잔한 강 같은 힘이 있다
조용하지만 흐름을 멈추지 않는
그 꾸준함이
미래를 밝히는 등불이 되리라 믿는다

그래서 나는 바란다
준서가
자신의 길을 걸어갈 때
늘 따뜻한 바람이 불기를

많이 웃고,
많이 나누고,
많이 사랑받는 사람이 되기를

지금의 그 진심이
오래도록
준서를 빛나게 해주기를

반짝이는 혜성

혜성이는
정말 반짝인다
고등학교에서
전교 1등이라는 말이
그 아이 앞에 붙으면
누구나 고개를 끄덕이게 된다

완벽을 꿈꾸며
스스로를 채찍질하는 모습
그 안엔 얼마나 많은
노력과 눈물이 숨어 있을까

그래도 나는 안다
혜성이는 단지 공부만 잘하는 아이가 아니라
뮤지컬을 사랑하고
드라마 속 인물에
누구보다 빠르게 마음을 열 줄 아는
따뜻한 사람이라는 걸

그래, 혜성이는
감정을 숨기지 않고
있는 그대로를 느끼며
진심으로 좋아할 줄 아는
순수한 별빛이다

그런 너에게
내가 꼭 해주고 싶은 말이 있다
조금은 덜 완벽해도 괜찮다고
너는 이미 충분히 아름답다고

조금은 스스로에게
따뜻한 손을 내밀기를
지금처럼 반짝이되
스스로도 그 빛을 알아주기를

너의 꿈은
어느 별보다 높고,
어느 무대보다 빛날 거야

성은이라는 이름엔 힘이 있다

성은이는
작고 단단한 돌 같다
쉽게 굴러가지 않고
스스로 길을 깎아 나가는 아이

지기 싫어하는 마음
그건 경쟁이 아니라
스스로를 더 나아가게 만드는
멋진 고집이다

공부할 땐 야무지게,
놀 땐 누구보다 신나게
친구들과 어울릴 땐
한없이 따뜻하게
모든 순간을
진심으로 살아가는 아이

요즘엔 심리학 책을 펼치며
마음의 결도 들여다보려 해

사람을 알고 싶다는 마음,
그건 이미 성장을 시작한 첫걸음이야

성은이는
단지 성실한 고등학생이 아니라
깊고 넓게 자랄 사람이다
무엇이든 진심으로 해내는
그 힘이 있으니까

나는 응원해
네 안의 호기심과 끈기가
네 미래를 멋지게 빚어갈 거라는 걸
지금처럼 웃고,
지금처럼 멈추지 않기를

성은이라는 이름,
그건 작지만
멀리 나아가는
힘의 이름이다
응원할게

따뜻한 숨결, 채진

채진이는
말보다 마음이 먼저 가는 아이
누군가 울고 있다면
말 없이 옆에 앉아줄 줄 아는
그런 천사 같은 사람

항상 웃고,
항상 배려하고
친구들 마음에
햇살처럼 스며드는 아이

그래서일까
누구나 채진이 곁에 있으면
괜히 마음이 편안해진다
특별한 말을 하지 않아도
그 따뜻함이 전해지니까

"나의 꿈은
누군가에게 도움이 되는 삶이에요"

그 말을 들었을 때
나는 고개를 끄덕일 수밖에 없었다
이미 지금도
그런 삶을 살아내고 있으니까

채진이라는 이름은
누군가의 하루를 부드럽게 감싸주는
따뜻한 바람 같은 이름

나는 바란다
이 아이의 마음이
세상 속에서도 다치지 않기를
오래오래 이 웃음과 따뜻함이
계속 이어지기를

너의 존재는
이미 누군가의 위로야
그런 너이기에
앞으로의 삶도, 분명 아름다울 거야

요은이라는 선율

요은이가 기타를 치면
소리엔 마음이 담긴다
무대 위 몇 번의 음악회 속에
그 아이의 진심이 스며 있었다

예쁜 웃음을 가진 아이
늘 친구들과 어울려
조용히, 하지만 깊이
사람들 마음을 따뜻하게 만든다

힘든 일이 와도
누구 탓도 하지 않고
조용히 자신 안을 들여다보며
길을 찾으려 애쓰는
단단한 마음

그리고
이 땅의 학생들이
조금 더 나은 배움을 누리기를 바라는

그 꿈
요은이는, 이미
누군가를 위한 마음을 품은 사람

교육학자라는 길,
그건 단순한 직업이 아니라
이름 없는 수많은 아이들에게
빛을 전해주는 길

요은이는 그 길 위에서
자신의 노래를,
자신의 꿈을,
기타처럼 포근하게 울릴 거야

나는 응원해
네 웃음도, 너의 길도
그리고 그 마음 안의
모든 따뜻함까지

하진이라는 겉과 속

하진이는 겉으론 센 척,
말투는 툭툭 세상 다 안다는 듯 고개를 들지만
그 속은 누구보다 여리고
누구보다 따뜻한 물결 같은 마음이 숨겨져 있다

그래서일까 친구가 힘들면 먼저 다가가진 않아도
묵묵히 옆에 있어줄 줄 아는 아이
코딩을 만지면 마치 마법처럼
엉킨 문제를 풀어내고
복잡한 구조도 술술 그려내는 진짜 전문가 같다

인터넷이 말썽일 땐
고등 친구들은 하진이를 찾는다
"하진이 오면 다 돼!"
그리고 정말 척척,
묻지도 따지지도 않고 해결해주는
그 멋진 모습이
누구보다 든든하다

나는 바란다
하진이가 그 능력 위에
자신감이 아닌 확신을 더하길
거친 말 너머의 따뜻한 마음을
세상도 꼭 알아봐주길

하진아,
너는 이미
네가 잘하는 걸 통해
사람들과 세상을
연결하고 있는 중이야

이제는 너의 길을
너답게, 멋지게
직진해도 좋아
나는 언제나
너의 재능과 마음을
온전히 응원할게

품격있는 은준

은준이는
조용히, 그러나 분명하게
사람의 마음을 움직이는 아이다

어른들과의 대화에서도
깊이를 보여주고
친구들과 함께 있을 땐
누구보다 따뜻하고 재치 있게 어울린다

무엇보다
잘 듣고, 잘 웃고, 잘 공감하는
그 마음이 참 멋지다

공부도, 예의도,
어느 하나 놓치지 않으면서
늘 부모님을 생각하는
고운 마음의 효자

친구들이
"은준이랑 같이 하자!"
하고 말하는 건
단지 공부 잘해서가 아니라
그 안의 배려와 다정함을
누구보다 잘 느끼기 때문이야

은준이라는 이름엔
지혜가 있고 성실이 있고
사람을 존중하는 깊은 인격이 담겨 있다

나는 기도해
네가 가진 그 좋은 마음과 반듯한 힘이
앞으로의 길도 밝게 밝혀주기를

그리고,
네가 걸어갈 모든 날이
지금처럼
사람들과 따뜻하게 연결되기를

서율이의 자리엔 늘 봄빛이 머문다

서율이가 웃으면
햇살도 고개를 들고
바람은 장난을 건넨다

서율이가 머문 자리엔
언제나 웃음꽃이 핀다
공간 안 어두운 구석까지
그 밝음이 번져간다

무엇을 하든
즐거움을 먼저 찾는 아이
그 마음이 예뻐서
중등 친구들은 하나둘 곁에 모인다

서율이는
중심에 서려 하지 않아도
그 자체로 빛이 된다

함께하며 긍정적인 마인드로

친구들을 즐겁게 하고
놀이라는 자유 속에서
자신만의 리듬을 만든다

나는 안다
이 아이의 맑은 성정이
언젠가 누군가의 삶을
따뜻하게 물들일 거라는 걸

서율이,
너라는 계절이 있어
오늘도 봄처럼 웃는다

스스로 빛나는 주현

말을 꺼낼 때마다
자신의 색이 뚜렷해지는 아이
주현이는
늘 자기 마음을 솔직히 꺼낼 줄 안다

그 용기 안에
조금씩 피어나는 실력
글자 하나, 문장 하나에
주현이의 깊이가 실려간다

중학교라는 낯선 풍경 속에서도
주현이는 흔들리지 않는다
천천히, 그러나 꾸준히
자기 길을 걸어간다

나는 보았다
그 손끝에서 길어진 문장들이
이제는 하나의 목소리가 되어
자신을 더 넓게 펼쳐내는 것을

그리고 그 곁엔
언제나 친구들이 있다
밝고 유쾌한 기운으로
사람들의 마음을 물들이는 아이

주현이는 혼자 빛나지 않는다
함께 웃고, 함께 나누며
주위를 환하게 만든다

이 아이의 내일은
더 찬란할 것이다
말과 글과 마음으로
스스로를 아름답게 만들어갈 것이다

태서는 흔들림 없이 선다

황태서,
그 이름은 조용한 단단함이다
쉽게 말하지 않지만
한마디엔 깊이가 있다

자존심은 그 아이의 등뼈
스스로를 지탱하며
자신의 길을 묵묵히 걷는다

선생님의 말에 귀 기울이고
주어진 일엔 마음을 다해 임한다
조용한 결심이
하루하루를 차곡차곡 쌓아간다

글을 쓸 때도 그렇다
예전보다 길어진 생각
더 깊어진 문장
그 안에 태서의 사고가 반짝인다

누가 알아주지 않아도
흔들리지 않고 성실하게
자신만의 속도로
자신만의 무늬를 만든다

나는 그런 태서를 안다
겉으론 고요하지만
속은 누구보다 뜨겁게 타오르는 아이

그래서 더욱 믿는다
태서의 미래가
단단한 뿌리 위에서
반듯하게 자라날 거라는 것을

민우는 웃음 뒤에 진심을 숨긴다

임민우,
첫인상은 웃음과 장난
친구를 툭툭 건드리며
분위기를 들썩이게 만드는 아이

하지만 그 웃음 뒤엔
흔들림 없는 무게가 있다
누가 뭐래도 자기 생각을 지키는
작지만 단단한 신념의 사람

감정을 꼭꼭 숨기지 않고
때로는 솔직하게 꺼내어 놓는
그래서 더 믿음 가는 아이

"선생님, 독서논술시간이 재미있어요"
그 한마디에
내 마음이 얼마나 환해졌는지
민우는 모를 것이다

누구보다 자유롭고
누구보다 자기를 잘 아는
그 아이만의 방식으로
하루하루를 살아내는 모습

나는 그런 민우를
그저 '개구쟁이'라 부를 수 없다
그 속엔 무게와 온기가 있고
자란다는 기특한 기운이 있으니까

민우야,
네가 웃을수록 세상은 더 유쾌하고
네가 말할수록 세상은 더 진솔해진다
앞으로도 너의 방식으로,
자유롭게, 정직하게 빛나길 바란다

함박웃음, 성윤

한때는
구름이 자주 드리우던 아이였다
숙제는 자주 잊혔고
마음은 어디론가 떠돌던 시간

그 아이가
조금씩 돌아왔다
중학교라는 새 길 위에서
다시 차근차근 걸음을 맞춰간다

신성윤,
이제는 매일을 성실하게 살아내는
잔잔한 의지가 깃든 이름

그리고 무엇보다
그 아이의 웃음은 참 맑다
친구들이 건네는 말 한마디에
환하게 웃고,
그 웃음이 퍼져나가

주위까지 환해진다

그 웃음은
그 아이가 얼마나 순수한지를 말해준다
마음속 깊은 곳에서
진짜 기쁨이 자라나고 있다는 걸

나는 안다
그런 웃음은
한때 어두운 곳을 지났기에
더 반짝이는 법이라는 걸

네가 웃을 때마다
우리의 하루는 조금 더 따뜻해진다
그 따뜻함을 안고
네 미래도 분명히, 환히 빛날 거야

양태경, 빛은 조용히 번진다

태경이는
처음엔 그저 밝은 아이였다
웃음이 많고
친구들과 어울릴 줄 아는
붙임성 좋은 아이

주현이와 나란히
웃는 그 모습에
모두가 기분 좋아졌지만
진짜 놀라움은
그 다음에 왔다

수업 시간, 손을 번쩍 들고
자신 있는 목소리로 생각을 말하던 순간
그리고
종이에 흘러내린 그 아이의 문장들이
조용히 모두의 마음을 두드렸다

그 아이 하나로
모둠의 공기는 달라졌고
누군가는 더 열심히 쓰고
누군가는 더 자주 손을 들었다

빛은 원래
요란하지 않게 퍼지는 법
태경이는 그렇게
하나의 변화가 되었다

나는 그런 태경을 응원한다
자신만의 방식으로
더 넓고 깊게 빛나기를

소신있는 정현

이정현,
처음 만났을 때부터
조금은 다른 결을 지녔던 아이

독서와 논술을
오래도록 함께해 온 시간의 아이

분위기에 따라 말이 많기고 적기도 하지만,
생각은 길게 이어지고
그 안에 정현이만의 무게가 실려 있다

친구들과 잘 어울리다가도
마음에 들지 않으면 기꺼이 멈추는 아이

억지로 흐르지 않는다
자기 안에 납득이 오기 전엔
그저 단단히 서 있을 뿐이다

한 번 마음이 열리면

끝까지 해내고야 마는 끈기
그 조용한 결심이
시간 위에 조용히 흔적을 새긴다

정현이는
쉽게 휘지 않는다
스스로 이해하고, 스스로 납득하며
그렇게 자신의 길을 만든다

나는 안다
이런 아이가
언젠가, 가장 자기다운 방식으로
세상을 단단히 살아낼 거라는 걸

너의 고집도, 너의 끈기도
모두 너라는 아름다운 줄기의 일부다
그 줄기가 꺾이지 않고 멀리 뻗어나가기를

믿음직한 채훈

김채훈,
어디서 봐도
장남 같은 아이

책임감은 어깨 위에 얹어도
결코 무겁다 하지 않고
스스로의 몫을 야무지게 챙겨내는
참 기특한 마음

공부할 땐 또렷한 눈빛
노는 시간엔 활짝 웃는 얼굴
친구들과 함께할 땐
늘 중심이 되는 따뜻한 사람

베프들과의 캠핑 이야기처럼
채훈이는 사람과 순간을 소중히 여긴다
그 마음이 참 곱고 단단하다

차츰 성장해 가는 모습

채훈이는 한 뼘 더 자라났다
스스로도 몰랐던 가능성에
자신감이 피어올랐고
그 빛은 주변까지 밝혀주었다

나는 안다
이 아이의 앞날이
더욱 찬란할 거라는 걸
책임감과 따뜻함, 그리고 지혜를 함께 쥔
믿음직한 아이니까

지금처럼 환하게 웃으며
너의 길을 야무지게, 멋지게 걸어가길
언제나 응원할게

웃음 열정맨, 유광

이유광,
처음엔 조용한 줄만 알았지
말수가 적어
마음도 얌전할 줄만 알았지

그런데 어느 순간
아이들이 웃고 있었고
그 한가운데엔
유광이가 있었다

웃기려다
먼저 웃어버리는 아이
그 진심이 너무 귀여워
모두가 따라 웃게 되는 아이

하지만 유광이의 진짜 무기는
역사라는 이름의 시간 여행
책 속 조선, 고구려, 백제를 만나면
그 표정이 달라지고

자신감이 얼굴 위로 올라탄다

역사 덕후라는 별명도
이 아이에겐 칭찬이 된다
과거를 사랑하는 마음이
자신을 더 튼튼하게 만들고 있으니까

나는 바란다
유광이가 앞으로
재미있는 일을 많이 하기를
자기가 즐기는 일을 마음껏 하기를

웃음과 역사 사이 어딘가에서 분명,
자신만의 이야기를 써 내려갈 것이다

너의 웃음과 열정이
앞날을 환하게 비출 거야
선생님은 그 길을
기쁘게 응원하고 있어

말 속에 중심, 지한

장지한,
이름부터 어딘가 단단한 기운
밝고 긍정적인 표정 뒤로
장남다운 책임감이 반짝인다

열심히 달리다가도
가끔은 힘을 빼는 날도 있지만
그 속에서도
다시 힘을 모으는 아이
스스로를 채찍질하며
다시 중심을 잡아가는 아이

무대 위,
디베이트의 순간이 오면
지한이는 달라진다
빠르게 판단하고
상황을 꿰뚫는 눈빛
말에 힘을 실으며
논리를 하나씩 쌓아올린다

그 훈련의 시간들이
지한이를 더 크게 만들었다
듣고 말하고, 생각하고 반박하는
모든 과정 속에서
지한이는 스스로를 만들어간다

나는 안다
그 작은 긴장과 집중이
얼마나 큰 성장을 이뤄냈는지를
그리고 지금의 지한이가
얼마나 멋진 길 위에 서 있는지를

네 안의 힘과 말의 무게를 믿어
가끔은 멈춰도 괜찮아
너는 언제나
다시 앞으로 나아갈 수 있는 아이니까

빛나는 중심, 수민

주수민,
그 아이가 지나가면
공기부터 달라진다
웃음이 터지고 눈길이 쏠린다

말을 하면 모두가 귀를 기울이고
웃기려 하면 먼저 웃음이 넘쳐나는 아이
성격 좋지, 얼굴 잘생겼지, 말도 잘하지,
뭐든 잘하지 그야말로 반칙 같은 존재
그래서일까, 아이들의 부러움이
늘 그를 따라다닌다

학교 앞,
스쳐간 연예기획사 관계자의 눈도
그 반짝임을 놓치지 못했다
그 순간조차
수민이에겐 하나의 에피소드처럼
가볍고 유쾌하게 흘러갔다

하지만 그 안에
보이지 않는 힘이 있다
자신을 믿는 당당함,
사람을 끌어당기는 따뜻함

모든 것이 자연스럽게 어우러지는
수민이라는 한 사람의 매력

나는 안다
이 아이의 미래가
무대든, 거리든, 어디에서든
늘 중심에서 빛날 거라는 걸

지금처럼 환하게
너의 걸음을 당당하게 걸어가렴
세상도 너를 알아볼 테니까

건우는 울림으로 말하는 아이

노건우,
두 손으로 드럼을 두드릴 땐
온몸이 하나의 박자가 된다
그 안에 리듬이 있고
그 리듬 안에 마음이 있다

덩치는 크지만
건우의 마음은
그보다 더 크고, 더 부드럽다
책장을 넘기는 손끝에도
사람을 마주할 때의 눈빛에도
섬세한 감정이 고여 있다

어디서든
처음 보는 친구들과 스스럼없이 웃고
자연스럽게 어울려
분위기를 따뜻하게 만든다

성실하게 책을 읽고

말없이 내면을 채우는 아이
그 조용한 정직함이
이 아이를 더욱 빛나게 한다

나는 안다
겉으로 보이는 것보다
훨씬 더 단단하고 따뜻한 속마음을
그리고 그 마음이
건우를 어디로든 멋지게 데려갈 거라는 걸

지금처럼 울림을 잃지 마
너의 리듬과 진심이
세상을 더 부드럽게 흔들게 될 거야
나는 언제나 너의 내일을 응원할게

팔방미인, 혜인

진혜인,
이름만 불러도
어딘가 환한 기운이 퍼진다
남자아이들 사이에서도
주눅 들지 않고
자신 있게 웃고 뛰는 아이
그 안엔 자유와 열정이 숨 쉬고 있다

하고 싶은 게 많아서
늘 마음이 바쁘고
그만큼 열심히 살아가는 혜인이는
작은 몸에 큰 세계를 품고 있다

책을 읽고, 글을 쓰며
자신만의 이야기를 쌓아가는 아이
조금은 버거워 하던 토론도 이제는 척척
생각의 깊이도 풍부하다

무대 위에 서면

밴드부 메인 보컬답게
노래로 마음을 울리고
축구장 위에 서면
여자 축구부 대표로
흙먼지를 걷어차며 달려간다

혜인이는
단 하나로 설명되지 않는다
밝고, 섬세하고, 강하고, 아름답다

나는 믿는다
그 다채로운 조각들이 하나로 모여
더없이 멋진 미래를 만들 거라고

지금처럼 자유롭게
너의 세계를 활짝 펼쳐가렴
 언제나 너의 찬란한 내일을
응원할게

노윤이라는 이름의 빛

햇살처럼 반짝이는 아이,
노윤이는
웃음 속에 자라는 별이야.
긍정이라는 날개를 달고
매일을 환하게 물들이지.

책장을 넘길 때마다
세상의 지혜를
꾹꾹 눌러 담고,
연필 끝에서 피어나는 글마다
마음의 꽃이 피어나네.

자기 생각을 솔직하게 말하는 용기,
모두를 기분 좋게 만드는 미소,
조용히, 그러나 야무지게
자신만의 길을 걷는 아이.

노윤이의 오늘은
햇살 같고 바람 같고 꽃 같아,

내일은 어떤 꿈을 꿔도
분명히 찬란히 빛날 거야.

노윤이라는 이름 안에
희망이라는 별이 숨 쉬고 있어.
그 별이 세상을 향해
힘차게 날아가길,
언제나 응원할게.

연두는 달리는 별

힘차게 땅을 딛고
높이 날아오르는 발차기,
연두는 바람을 품은
태권도 별이야.

운동장이 놀이터가 되고
매일이 모험이 되는 아이,
땀방울 속에 웃음이 번지는
활기찬 햇살 같은 아이지.

예쁘장한 얼굴에
숨겨진 터프한 용기,
"괜찮아!" 한마디에
친구들이 다 안심하는 그런 아이야.

연두야,
너의 눈동자에 담긴 에너지로
이젠 책 속 세상도 만나보면 어때?
거기엔 너처럼 씩씩한 주인공도 있고

너를 닮은 멋진 이야기도 숨어 있단다.

몸이 움직이는 걸 좋아하는 너지만
마음이 움직이는 순간도 분명 소중해.
책을 친구 삼는 날이 오면
너는 더 멋진 별이 될 거야.

그날을 응원할게,
달리는 별, 연두야.

손준익, 웃음으로 달리는 생각의 빛

쏜살같이 지나가는 발걸음,
준익이는 오늘도 바쁘다 바빠!
하나, 둘, 셋
뭐든 뚝딱 해내는 날쌘돌이!

활짝 웃으며 달리다가
발목이 두 번이나 "잠깐!" 해도
준익이는 또 웃으며
금세 일어나 앞으로 나아가지.

논쟁의 장이 펼쳐질 땐
눈빛이 번뜩, 마음은 또렷.
자신의 생각을 단단히 세우고
상대의 말도 척척 받아치는 멋진 디베이터!

생각은 빠르고
말은 논리로 무장되어 있어
친구들도, 선생님도
준익이의 말에 고개를 끄덕이지.

준익아,
너의 웃음과 날쌘 지혜는
어디서든 빛날 거야.
넘어져도 다시 웃고,
질문에도 당당히 맞서는 너는
이미 멋진 내일을 향해 달리고 있어.

그 걸음이 더 멀리 닿도록
우리는 오늘도 널 응원해.

박준우는 오늘도 달려갑니다

오늘도 버스는 떠났대요,
"정말 바로 앞에서 출발했어요!"
두 눈 동그랗게 말하는 준우,
핑계도 귀여운 지각 요정이죠.

가방 속엔 숙제가 살짝 숨었고
연필은 어제 책상에 인사도 없이 잠들었대요.
덜렁대는 하루 속에서
준우는 웃으며 말해요.
"다음엔 꼭 잊지 않을게요... 아마도!"

형이 사춘기를 앓는 걸 보며
"난 그런 거 안 해!" 큰소리치더니
요즘은 괜히 혼자 웃다가
금세 울컥하기도 하지요.
그래, 그게 사춘기일지도 몰라.
하지만 괜찮아, 그 모습도 진짜 너니까.

밝은 눈빛,

솔직한 마음,
넘어져도 웃으며 일어나는 너,
준우야,
그 순수함으로
세상을 너답게 채워가길 바랄게.

조금 지각해도 괜찮아.
너는 너의 속도로
분명 멋지게 자라갈 테니까.

민건이라는 이름의 든든함

언제나 조용히,
그러나 누구보다 단단하게
모둠의 중심을 지켜주는 아이,
그 이름은 송민건.

책을 나누고, 숙제를 챙기고,
수업 준비도 어느새 뚝딱—
누가 시키지 않아도
민건이는 먼저 움직여요.

마치 오래된 나무처럼,
곁에 있는 것만으로도
편안하고, 따뜻한 믿음을 주지요.

말은 많지 않지만
행동으로 보여주는 아이,
처음보다 더 많이 자란 모습에
선생님 마음은 참 뿌듯하답니다.

읽기, 쓰기, 말하기, 듣기
어떤 길을 걸어도
민건이는 분명
자기만의 걸음으로 멋지게 나아갈 거예요.

민건아,
너의 듬직한 어깨 위엔
미래라는 이름의 햇살이 내려앉고 있어.
그 빛을 따라
넌 끝없이 성장할 거야.

오늘도, 내일도
너를 응원해.

진재원, 웃음 속에 반짝이는 별

장난기 가득한 눈빛,
말문이 터지면 모두가 웃음꽃!
재원이는 개구쟁이,
하지만 그냥 개구쟁이가 아니야.

선생님의 말도
찰떡같이 받아치는 센스,
친구들과 어울릴 땐
분위기 메이커, 웃음 장인!

그런데 말이야,
처음 책을 읽고
내용이해에서 만점을 받았을 때
선생님은 눈을 의심했대.
"우와, 이건 재원이의 숨은 힘이야!"

책 속에 들어가면
개구쟁이는 사라지고
눈빛이 반짝, 마음은 집중!

그 몰입의 모습은
누구보다 멋졌어.

재원아,
너의 장난도, 웃음도,
몰입하는 진지한 눈빛도
모두 너의 빛나는 조각이야.

앞으로도 책을 읽고,
생각을 나누고,
세상을 너답게 살아갈 너를
마음 깊이 응원할게.

이유준의 하루는 이야기로 빛나

덜렁덜렁,
연필을 놓고 와도,
책가방이 삐뚤어도
유준이는 웃으며 말해요.
"선생님! 오늘 학교에서 말이에요"

눈은 반짝, 말은 쉼 없이,
작은 일도 큰 일처럼
소중하게 풀어내는 아이,
이야기 속엔 마음이 담겨 있어요.

친구랑 웃은 일,
살짝 속상했던 일,
모두 나눌 수 있는 따뜻한 마음,
유준이는 마음을 주는 아이예요.

덜렁이는 손끝 너머로
따뜻한 온기가 번지고
귀여운 미소 너머로

사람을 품는 여유가 자라요.

유준아,
너의 말 속엔 사랑이 있고
너의 하루엔 햇살이 있어.

앞으로도 그렇게
웃고, 나누고, 사랑하며
너만의 이야기를 써 내려가길 바랄게

도현이는 늦게 와도 중심이야

문이 살짝 열리고
"안녕하세요!"
오늘도 힘찬 목소리로
온 공기가 도현이로 물들어요.

책을 읽던 친구들도
고개를 들어 웃지요.
늦어도 괜찮아,
그 당당함이 도현이의 매력이니까.

영어 학원 다녀와
조금은 숨차게 들어와도
도현이는 늘 또렷한 눈으로
자기 자리를 지켜요.

친구들과도 환하게 잘 지내고,
생각을 말할 땐
한 마디, 한 마디
마치 별처럼 또박또박 반짝이지요.

도현아,
네가 걸어가는 그 길은
언제나 빛날 거야.
조금 늦어도, 잠깐 숨차도
넌 항상 중심에 있어.

오늘도, 내일도
네 당당한 걸음과 밝은 목소리를
기쁘게 기다릴게.
너의 멋진 미래를
진심으로 응원해!

서연이는 맑은 꽃잎이에요

투명한 아침 햇살처럼
서연이는 맑은 마음을 가졌어요.
예쁜 말이 입에서 피어나면
온 가득 따스한 향기가 퍼지지요.

선생님의 눈길 속에서
사랑받고 싶은 마음을
소곤소곤 말하지 않아도
서연이는 이미 빛나고 있어요.

어쩌다 실수했을 땐
먼저 걱정하는 그 마음마저
너무도 여려서,
그게 더 사랑스러워요.

김서연,
너의 순수함은
세상을 조금 더 따뜻하게 만드는 마법이야.
너의 작은 미소 하나에도

사람들은 마음을 열게 되지.

지금도 충분히 예쁘고,
앞으로는 더 찬란하게 피어날 너.
너의 맑고 밝은 미래를
선생님은 언제나 믿고 응원해.

지연이의 아름다운 마음

차분한 눈빛에
숫자들이 춤추고
공책 위엔 반듯하게
지혜가 내려앉아요.

지연이는 수학의 주인공,
그러면서도 글, 말, 마음까지
모두 야무지고 단단하지요.

꼼꼼하게, 정성껏
하나하나 잘 해내는
모범생의 빛이
지연이에게 자연스럽게 스며 있어요.

가끔 옆자리에서
자유롭게 날아다니는 글씨에
숨이 한번쯤 턱 막혀도,
밝게 웃으며 말할 줄 아는 마음,
그게 지연이의 따뜻한 여유예요.

안지연,
정답을 찾는 것도 중요하지만
마음이 쉬어갈 공간도 꼭 챙겨줘.

너의 하루가 조금 더
가볍고 환해지기를,
계산 너머의 행복도
늘 너의 곁에 머물기를.

선생님은 믿어요.
지연이의 앞날은
수학보다 더 완벽하게,
행복으로 채워질 거라고.

김시현, 마음이 예쁜 아이

살짝 뒤로 물러서며
"괜찮아, 먼저 해."
양보하는 마음이
시현이의 첫인사예요.

조용한 듯 보이지만
그 안에는 따뜻함이 반짝이고
다른 사람을 먼저 생각하는
부드러운 힘이 있어요.

그러다 발표 시간이 오면
작고 단단한 목소리로
자신의 생각을 또박또박 말하는 시현이,
그 순간, 선생님은 미소를 지어요.

그래,
너는 이미 많은 걸
아름답게 해내고 있어.

조금만 더 자신 있게
너 자신을 믿어도 좋아.
너의 마음은 충분히 빛나고,
너의 모습은 그 자체로 매력적이야.

시현아,
앞으로도 지금처럼
사랑으로, 용기로,
한 걸음씩 나아가면

너의 미래는
햇살처럼 따뜻하고
별처럼 환하게 빛날 거야.

조용한 불꽃, 지운이

말은 많지 않지만
눈빛 속엔 불꽃이 있어.
조용히, 묵묵히
그러나 누구보다 깊게
자기 길을 걷는 아이,
그게 바로 지운이야.

겉으론 조용한 바람 같지만
마음속은 누구보다도 뜨거운 열정맨.
무엇이든 정성을 다해
끝까지 해내는 그 모습에
선생님은 늘 감동해.

작은 걸음처럼 보여도
지운이의 한 걸음은
단단하고, 크고,
앞날을 밝혀주는 빛이 돼.

지운아,
너의 열정은
아무도 모르게
아주 멋진 내일을 만들어가고 있어.

조용하지만 강한 너의 힘을
선생님은 누구보다 믿고 응원해.
넌 분명,
멋지게 빛나는 사람이 될 거야.

책 속을 걷는 아이, 민준이

민준이는 맑은 샘물 같아.
속이 훤히 비칠 만큼
순수하고 투명한 마음을 가졌지.

그 눈빛이 책장을 만나면
세상은 조용해지고
민준이는 이야기 속으로
조용히, 깊이 걸어 들어가.

모험의 숲도,
마법의 성도,
역사의 길도
민준이 앞에선 열려 있지.

"조용히 해, 지금 민준이는
책 속 나라에 있어."

시간도 잊고, 세상도 잊고
오직 마음으로 걷는 그 집중,

그 사랑스러운 몰입이
선생님에겐 가장 감동이야.

민준아,
지금처럼
무엇이든 마음을 담아 바라보고
깊이 사랑할 수 있다면

너의 내일은
반짝이는 별들로 가득할 거야.
책 속에서 자란 네 마음이
세상을 더 아름답게 만들 테니까.

서현이는 야무진 별빛

또렷한 눈빛,
말하는 한마디 한마디에
생각이 반짝이는 아이,
그 이름은 서현이야.

하고 싶은 말이 있으면
용기 있게 말하고,
마음에 담긴 이야기는
고운 글로 피어나지.

무슨 일이 생겨도
조용히, 하지만 똑똑하게
지혜로운 길을 찾아가는
야무진 해결사!

친구들과도 잘 지내고
따뜻한 말로 다독일 줄 아는
예쁜 마음씨는
선생님이 참 아끼는 보물이야.

배서현,
지금처럼 솔직하고 따뜻하게
너의 길을 걸어가렴.
네가 쓴 글처럼,
너의 인생도 아름답게 써 내려갈 거야.

선명한 너의 미래를
오늘도 반짝이며
선생님은 응원해.

마음의 고요함, 규린

말이 많지 않아도
규린이는 마음이 깊어요.
잔잔한 물처럼
차분히, 조용히
자기 자리를 지키지요.

친구들과 웃으며
수다 떠는 모습은
햇살이 비친 창가 같아
따뜻하고 포근해요.

가끔 수줍어하면서도
자기 생각을 또박또박 말할 땐
선생님은 속으로
"와, 멋지다" 하고 감탄한단다.

조용한 목소리지만
자신 있는 표현,
그 속엔 믿음과 성실이 담겨 있어

규린이는 언제나 든든해요.

규린아,
네 마음의 고요함은
어디서든 빛이 될 거야.
지금처럼 차분히, 밝게
너만의 길을 걸어가렴.

언제나 너를 믿고
응원할게.

수줍은 별, 송현우

처음 만났던 날,
해맑게 웃던 네 얼굴이
선생님 마음에
작은 별처럼 반짝였단다.

조금 수줍고,
조금 망설이는 너였지만
친구들 앞에 서려고
한 걸음 내딛는 그 용기,
그게 얼마나 멋진지 아니?

엄마 이야기 하며
엉엉 울어버린 그날,
우리는 놀랐지만
선생님은 알았단다
그 눈물이 사랑이라는 걸.

현우야,
네 마음은 아주 고운 꽃 같아.

지금은 바람에 흔들리더라도
곧 곧게 피어날 거야.

다음엔
그 마음을 웃으며 말할 수 있도록,
울지 않아도
전해질 만큼 단단한 너를
선생님은 믿고 있어.

수줍은 별 하나,
이제 천천히
자신의 빛으로
세상을 밝히려 해.

현우의 앞날을
따뜻하게, 그리고 크게
응원할게!

조그만 빛, 이향하

조그맣지만 눈에 띄는 아이,
향하는 작고 반짝이는 별 같아.
빠르게 움직이는 걸음 속에
단단한 마음이 담겨 있지.

노트 한 장 한 장에
정성이 꾹꾹 눌러앉아 있고,
수행평가도 빈틈없이
정직하게 해내는 너의 모습은
참 멋지고 사랑스러워.

말 많지 않아도
너만의 색깔은 선명해,
작지만 강한 너의 마음이
교실을 조용히 밝히고 있어.

향하야,
그 꼼꼼한 손끝으로
너는 분명

멋진 내일을 그려갈 거야.

선생님은 믿어.
너의 오늘이 쌓여
반짝이는 미래로 이어질 거라는 걸.

오늘도, 내일도
너의 길을
따뜻하게 응원할게!

유화는 유화의 속도로

유화는 조금 느려요.
하지만 그 느림 속엔
깊은 생각과
자기만의 결심이 숨어 있어요.

처음엔 기다리는 게 낯설었지만,
알았어요
유화는 시간을 스스로 다듬어
가장 너다운 걸음을 내딛는다는 걸.

조용히, 천천히
하지만 분명하게
너만의 목소리를 낼 때
선생님은 눈물이 날 뻔했어요.

빠르지 않아도 괜찮아요.
너만의 신중함이 있기에
유화는 유화의 속도로
가장 단단한 길을 만들고 있어요.

유화야,
너는 천천히 피는 꽃이지만
피었을 땐 누구보다 향기롭고
아름다운 존재가 될 거야.

선생님은 믿어요.
그리고 언제나
너의 앞날을
따뜻하게 응원해.

과학을 품은 마음, 박현진

조용히 웃는 눈빛 뒤엔
끝없는 우주가 숨어 있어요.
그 안엔 별도 있고, 공기도 있고
"왜?"라는 질문이 반짝이지요.

책을 고를 때도,
글을 쓸 때도,
발표 주제를 고를 때도
현진이는 늘 과학 곁에 있어요.

별이 왜 빛나는지,
뼈는 어떻게 움직이는지,
지구는 어디까지 뻗어 있는지—
그런 궁금함들이
현진이의 하루를 채우고 있어요.

말은 많지 않아도
생각은 깊고,
조용하지만 단단한 너는

과학을 사랑하는 진짜 탐험가예요.

현진아,
너의 질문과 호기심이
세상을 조금씩 밝혀줄 거야.

지금처럼 너만의 세계를 품고
더 멀리, 더 깊이
알아가고 나아가렴.

선생님은
언제나 너의 내일을
응원하고 기대하고 있어!

천천히 피는 말꽃, 이현우

낯선 말들이
처음엔 바람처럼 스쳐 지나갔지.
귀를 쫑긋, 마음을 쿵,
하나하나 놓치지 않았어.

중국어에 익숙한 너는
친구들의 웃음 속 말도
선생님의 따뜻한 이야기들도
조금 느리지만
조금씩 마음에 담았지.

국어 시간은 아직
조금 높은 산처럼 느껴질지 몰라도
현우는 한 걸음씩,
자기 속도로 오르고 있어.

모르는 단어도
새로운 문장도
"할 수 있어요."

작은 입술로 다짐하는 너를
선생님은 누구보다 응원해.

현우야,
너는 지금
말꽃을 피우는 중이야.
조금만 더 지나면
너의 이야기가
한국어로도 예쁘게 피어날 거야.

그리고 그 말들은
너의 세상을
더 넓게, 더 환하게 만들어줄 거야.

작지만 큰 빛, 류빈이

류빈이는 작고 단단한 별,
조용히 있지만
자기 안의 우주는
반짝반짝 빛나고 있어요.

한 마디, 한 발표마다
논리로 정돈된 생각들이
프리젠테이션 화면처럼
또렷하고 당당하게 흘러나왔지요.

그때 선생님은
'와, 이런 멋진 류빈이도 있었구나!'
놀라고 감탄했어요.

현우의 서툰 말에도
따뜻한 손길 내밀고,
후배들을 챙겨주는 너의 모습에
마음이 찡했단다.

류빈아,
너의 체구는 작지만
마음은 넓고 깊고 따뜻해.

지금처럼 너답게
생각하고, 말하고, 사랑하면서
세상을 향해 당당히 나아가렴.

너의 내일은 분명
그 논리와 따뜻함이 어우러진
가장 빛나는 무대가 될 거야.

선생님은 오늘도
류빈이라는 이름의 별을
힘껏 응원해.

눈꽃처럼 반짝이는 송이

송이송이, 눈꽃송이
선생님이 부르면
교실이 잠시 조용해졌지.
아이들은 부러워했어,
그 특별한 호칭을 가진 너를.

이름도 예쁘지만
그보다 더 예쁜 건
네 안에 담긴
확실한 색깔과 당당한 마음.

말 한마디에 주위가 집중하고
리더로서 이끄는 너의 모습에
모두가 기꺼이 따라가.

송이야,
넌 눈꽃 같아.
가볍지 않고, 조용하지 않고,
빛나는 결을 지닌 특별한 존재야.

너의 말은 힘이 있고
너의 길엔 중심이 있어.
그래서 선생님은 믿어.
너의 앞날은
언제나 환할 거야.

세상도 너의 말에
귀 기울이게 될 거야.

오늘도, 내일도
눈꽃송이 송이를
따뜻하게, 자랑스럽게
응원해.

오늘 뭐해요? 오주현

"선생님, 오늘 뭐해요?"
매일이 같은 수업이어도
주현이의 물음엔
햇살 한 줌이 담겨 있었지.

그 말 한마디로
교실은 환해지고
수업도 조금 더
즐거워졌단다.

책보다 동물 이야기 나오면
주현이는 갑자기 수다왕!
"그 동물은요! 제가요! 진짜요!"
웃음이 터지고
눈빛은 반짝이지.

자연을 좋아하고
작은 생명에 마음을 나누는 너,
그래서 네가 더 따뜻하고

다정하단 걸 선생님은 알아.

주현아,
지금처럼 밝게 묻고
따뜻하게 사랑하며
너만의 길을 걸어가렴.

너의 하루엔
언제나 귀여운 발걸음과
다정한 마음이
꽃처럼 피어나길 바랄게.

밝은 웃음, 박상훈

등치는 제법 크지만
마음은 더 크고 따뜻한 아이,
상훈이는 커다란 웃음을 품고
교실을 환하게 밝혔지.

"선생님! 저 다이어트 중이에요!"
진지한 얼굴에 던지는 한마디,
아이들과 선생님은
웃느라 배를 잡았단다.

그 유쾌한 농담 속엔
사람을 기분 좋게 하는
마법 같은 힘이 숨어 있어.

밝은 인사 한마디에
선생님 하루가 좋아지고
수업 시간엔
네 웃음소리가
우리 모두의 기분을 맑게 만들었지.

상훈아,
넌 참 사랑스러운 아이야.
네 안의 유쾌함과 따뜻함은
어디서든 사람들의 마음을
부드럽게 열어줄 거야.

오늘도, 내일도
그 웃음 잃지 말고
너만의 멋진 길을
당당히 걸어가렴.

선생님은
기도하는 마음으로
너의 앞날을
진심으로 응원할게.

언어보다 더 빛나는 마음, 이지현

처음 만난 날,
"저는 여러 개 언어를 해요."
선생님은 깜짝 놀랐지.
언어는 너에게
장난감처럼 가볍고
날개처럼 자유로웠으니까.

웃는 얼굴로 수업에 임하며
누구보다 눈빛 반짝였던 너,
작은 변화도 놓치지 않는 관찰력에
선생님은 다시 한번 놀랐단다.

"선생님, 머리 모양 바꾸셨어요?"
그 한마디가
참 따뜻하고 기분 좋았어.

지현이는 센스의 아이,
지현이는 언어의 마법사,
무엇보다

꿈을 향해 달리는
반짝이는 별이야.

지현아,
지금의 너도 충분히 멋지지만
앞으로 펼쳐질 너의 길은
더 넓고 찬란할 거야.

세상이 너의 목소리를 듣고
너의 언어로 감동받게 될 날이
머지않아 올 거야.

그 멋진 내일을 위해
선생님은
두 손 모아 기도하고
진심으로 응원할게.

작지만 반짝이는 웃음, 승일이

승일이는 작아요.
하지만 웃음은 커다랗지요.
누구 곁에만 있어도
기분이 스르르 좋아지는
해피바이러스!

친구의 말에 귀 기울이고
조금 실수했을 땐
"미안해."
먼저 말할 줄 아는 용기,
그게 승일이의 진짜 멋이에요.

자신을 잘 알고,
다른 사람도 존중할 줄 아는
그 따뜻한 마음에
선생님은 많이 웃고,
많이 배웠어요.

승일아,
너의 맑은 웃음은
언제 어디서든
햇살처럼 퍼져나갈 거야.

앞으로도
지금처럼 밝고 따뜻하게
너만의 길을 걸어가렴.

작은 체구 안에
커다란 마음을 품은 너를
선생님은 늘 응원할게!

예승이의 조용한 용기

예승이는 말이 없지만
마음속엔 깊은 생각이 자라고 있어요.
발표할 때면
작은 떨림이 눈동자에 스며들지만,
자기만의 방법으로
그 떨림을 살며시 다독이지요.

그리고 이내
또박또박, 진심을 담은 목소리가
교실에 퍼져나갈 때
선생님은 속으로 박수를 쳤어요.
"참 잘했다, 예승아."

가끔은
엉뚱한 생각 하나로
모두를 웃게 만드는 너,
그 조용한 반전이
교실을 따뜻하게 물들인단다.

예승아,
너의 신중함도
너의 진지한 눈빛도
모두 너를 멋지게 만들어가는 길이야.

천천히, 그러나 단단히
너만의 리듬으로
앞으로 나아가렴.

선생님은
너의 조용한 용기를
언제나 응원하고,
기도할게.

그림처럼 맑은 아이, 승연이

처음엔 조용했지.
작은 목소리로 웃던 너를
선생님은
고요한 하늘 같은 아이라 생각했어.

그런데 시간이 지나자
너의 마음이 조금씩 열리고
기쁨도, 속상함도
맑게 말할 줄 아는 아이란 걸 알았어.

시화 수업 기억나니?
너의 짧은 시 옆에
귀엽고 따뜻한 그림 한 장.
그 안에 네 마음이
고스란히 담겨 있었지.

붓 대신 마음으로 그리는 아이,
연필 대신 감정으로 쓰는 아이,
그게 바로 너, 승연이야.

승연아,
지금처럼 맑은 눈으로 세상을 보고
따뜻한 손으로 너의 꿈을 그려가렴.

그림처럼 아름답고
시처럼 깊은 너의 내일을
선생님은 언제나
응원할게.

찬유는 말과 글로 빛나는 별

찬유가 말하면
모두가 쫑긋 귀를 기울여요.
어쩜 그렇게 술술
말솜씨가 바람처럼 유창한지

때론 에너지가
넘실넘실 흘러넘쳐
분위기가 들썩일 때도 있지만
그 안엔 맑고 순수한
찬유의 마음이 담겨 있지요.

글을 쓰기 시작하면
한 줄, 한 줄마다 살아 움직여요.
글 안에 숨은 이야기들이
읽는 사람 마음을 두드려요.
"우와, 찬유 진짜 잘 쓴다!"
칭찬이 쏟아지지요.

자기 생각을
당당히 말하고
멋지게 써 내려가는 너,
세상은 너의 이야기를
기다리고 있어.

찬유야,
지금처럼 밝고 맑게
너만의 빛으로 자라가렴.

말과 글로 세상을 움직일
멋진 너의 내일을
선생님은 마음 가득
응원하고 기도할게.

글 속에 피는 마음, 양현서

현서가 글을 쓰면
마음이 따라와요.
따뜻한 생각이
조용히 한 줄, 한 줄
종이 위에 스며들지요.

기쁜 이야기는 함께 웃게 만들고
슬픈 이야기는
가만히 가슴을 어루만져 줘요.
현서의 글에는
사람을 향한 사랑이 담겨 있어요.

감수성이 풍부하다는 건
자기 마음만 느끼는 게 아니라
다른 이의 기쁨에도
다른 이의 아픔에도
같이 머무를 줄 안다는 거야.

현서야,
지금처럼 맑은 마음으로
세상을 바라보며
네가 느낀 모든 것을
글로 나누어 줘.

그 글이
누군가의 위로가 되고
희망이 되고
빛이 될 거야.

선생님은 기도할게.
마음이 예쁜 너의 앞날이
그 글처럼 따뜻하고
그 마음처럼 아름답기를.

조용한 설득의 별, 이윤민

처음엔 조용해서
살짝 숨은 별 같았지.
하지만 가까워질수록
윤민이는 빛을 품은 아이란 걸 알게 됐어.

수업이 시작되면
조용히 생각을 정리하고,
토론이 시작되면
또렷한 목소리로
자기 생각을 논리 있게 펼치는 너.

상대의 말도 귀 기울이고,
반박은 날카롭지만 예의 바르게
윤민이의 언변력은
모두가 인정하는 멋진 무기야.

말이 많지 않아도
말할 땐 무게가 있고
조용한 가운데 중심을 잡을 줄 아는
단단한 너의 힘이 참 멋져.

윤민아,
그 생각의 힘, 말의 깊이는
앞으로 더 많은 문을 열게 해줄 거야.

세상과 대화하며
너만의 길을 멋지게 걸어가길
선생님은 기도하고
진심으로 응원할게.

코멘트의 여왕, 황현서

현서는 손도 먼저 들고
책도 먼저 펼치고
마음도 먼저 열어요.

책을 읽는 눈빛엔 집중이 가득,
숙제를 내밀 땐 정성이 뚝뚝.
무엇 하나 빠짐없이
성실함으로 가득한 아이.

하지만 무엇보다 멋진 건,
친구의 이야기를 귀 기울여 듣고
진심 어린 말로 응원하는 그 마음.

"너 그 생각 참 좋다."
"이 부분이 정말 감동이야."
그 한마디 한마디에
친구들은 웃고, 용기를 얻어요.

그래서 친구들은 말하죠.
현서는 코멘트의 여왕이라고.
칭찬도, 위로도, 격려도
참 예쁘게 잘 전하니까.

현서야,
너의 따뜻한 말들이
세상을 더 부드럽게 바꿀 거야.

지금처럼 진심을 담아
듣고 말하며
멋진 너의 길을 걸어가렴.

선생님은 오늘도
너의 성장과 내일을
진심으로 응원해!

늦게 핀 결심, 김예영

어릴 적엔
놀이터가 더 좋았고
공부는 먼 이야기였지.

하지만
마음속에 문득 찾아온 결심,
"이제는 나도 해볼래."

중학교의 어느 날,
열심히 해 보겠다고 마음먹고
스스로 책을 펼친 그 순간부터
예영이는 조금씩 달라졌지.

남들보다 늦은 출발,
그래서 더 험한 길이었지만
포기하지 않았기에
한 걸음, 또 한 걸음
너는 너만의 길을 만들었어.

대한민국 고등학생으로
살아간다는 것,
참 버겁고 숨찰 때도 있지만
그 안에서도 빛나는 너를 보며
선생님은 말하고 싶어.

"너는 정말 잘하고 있어."

예영아,
지금처럼 흔들려도 멈추지 말고
너 자신을 믿어줘.
그 노력은 반드시
너를 네가 원하는 곳으로 이끌 거야.

오늘도, 내일도
너의 앞날을
진심으로 응원할게.

도윤이는 웃으며 자라는 아이

하도윤,
예쁘장한 얼굴에
환한 미소를 담고
툭툭, 말 한마디에
사람들 마음이 풀어지는 아이

성격은 털털하고
어울리기를 좋아해서
항상 누군가 곁에 있고
그 속에서 도윤이는
가장 밝게 빛난다

숙제는 가끔 벼락치기
하지만 머리는 참 빠르고
상황이 오면 기막히게 빠져나오는
임기응변의 귀재

그렇게 놀기 좋아하던 아이가
이제는 발표도 척척,

책도 조용히 펼쳐보는 걸 보면
참 많이 성장했구나

자유롭고 유쾌한 공기 같은 아이
그러면서도
자기 속도로 한 뼘씩 커가고 있다

나는 바란다
도윤이가 지금처럼 해맑게 웃으며
자기만의 방식으로 조금씩, 그러나 분명히
더 멋진 사람이 되어가길

너의 웃음은
모두를 환하게 밝힌단다
지금처럼만,
꾸준히 너답게 걸어가렴
선생님은 언제나 너를 응원해.

깊은 눈빛, 서윤

깊고 맑은 눈동자에
별빛 하나 숨겨 둔 서윤이는
가만히 있어도
반짝이는 아이예요.

예쁜 얼굴만큼이나
야무진 마음도 꽉 찼지요.
선생님이 말하지 않아도
누가 장난치면
살짝 다부지게,
"지금은 그럴 때 아니야."

서윤이가 지켜줘서
더 단정하고,
더 따뜻하고,
더 멋져져요.

서윤아,

너는 이미 누군가에게
든든한 힘이 되어 주고 있어.
그렇게 앞으로도
네 빛으로 길을 밝혀 가길 바랄게.

너의 깊은 눈빛처럼
서윤이의 앞날도
맑고, 단단하게
아름다울 거야.

섬세한 지우

수업에 온 지 얼마 되지 않아
조용히 앉아 있어도
네 안에는 단단한 힘이 있어.
키가 크듯 마음도 넓어서
작은 일에도 정성을 다하지.

섬세한 눈길, 침착한 말투,
그 속에 깊은 생각이 숨어 있어
아이들과 어울릴 때면
그 따뜻함이 은근히 번져 가.

지우야,
책 속의 이야기들이
너의 마음과 만나
새로운 길을 열어 줄 거야.

글로 풀어내는 순간마다
네 빛깔이 더 선명해질 거라고
선생님은 믿고 있단다.

앞으로의 너의 날들이
책처럼 차곡차곡 쌓여
아름다운 이야기로 남기를,
조용히 그러나 분명히
응원할게.

멋진 에너지, 안서연

또랑또랑한 눈빛 속에
궁금증이 반짝이는 서연이는
무엇이든 알고 싶고
무엇이든 해내고 싶어 해.

모둠 친구들을 먼저 챙기며
작은 마음까지 놓치지 않는
야무진 손길,
그 따뜻함에 친구들은 행복해.

책을 읽으며 마음을 키우고,
새로운 문장을 빚어내며
스스로 더 멋진 세상을 그려 가는 너.
선생님은 그 순간마다
참 대견하고 자랑스러웠단다.

서연아,
아직 저학년이지만
벌써 고학년의 씩씩한 마음을 가진 너는

앞으로 더 크고 빛나는 길을 걸어갈 거야.

네가 가진 멋진 에너지,
그것으로 미래를 밝혀 가기를
마음 다해 응원할게.

뜨거운 마음, 태윤

태윤이는 늘 무언가에 몰두해 있어.
자신이 잘하는 일도 그냥 지나치지 않고
조금 더, 한 걸음 더,
스스로를 단단히 다듬어 가며 나아간다.

무엇이든 최선을 다하는 그 자세,
누구보다 뜨겁게 집중하는 그 눈빛은
어디든 반짝이게 하고
함께 있는 이들에게 힘을 준다.

그렇다고 혼자만 앞서가진 않아.
옆 친구의 마음이 흐려지면
조용히 다가가 말을 건네고,
함께 웃고 함께 고민하며
마음을 나눌 줄 아는 너.

태윤아,
네 안의 열정은 단순히
더 잘하고 싶은 욕심이 아니라

네 곁 사람들과 어울려
더 멋진 길을 함께 걷고 싶은 마음이란 걸
선생님은 알고 있단다.

앞으로 펼쳐질 네 길 위에서도
그 열정은 너를 북돋아 주고,
그 따뜻한 마음은 네 곁 사람들을
든든히 지켜 주리라 믿는다.

네가 걷는 모든 날이
뜨겁고 단단하게 빛나기를,
그리고 그 빛이 세상 곳곳을
따스히 밝히기를
진심으로 응원할게.

서안이 웃음꽃

막내라서 더 귀엽다며
해맑게 웃던 서안이,
그 웃음 속엔
사랑스러움이 가득해.

수업 시간마다
자신의 생각을 조심스레 꺼내 놓고,
친구 서연이를 향한 마음은
따뜻한 햇살처럼 퍼져 가지.

잘 웃고, 즐겁게 배우는 너는
이미 교실의 환한 빛,
모두의 마음을
밝히는 작은 햇살이야.

서안아,
앞으로도 책을 읽으며
더 넓은 세상을 만나고,
글을 쓰며 네 마음을

더 깊이 담아내길 바랄게.

지금처럼 맑고 건강하게,
밝고 예쁘게 자라가는 길을
선생님이 늘 응원할 거야.

당찬 목소리, 지훈

밝은 얼굴로 "안녕하세요"
먼저 인사하는 지훈이는
언제나 주변을 환하게 만든다.

친구들과 어울릴 때도
너그러움이 묻어나고,
수업시간엔 크고 당찬 목소리로
자신의 생각을 전하며
모둠 분위기를 활짝 열어 놓지.

그 웃음과 목소리에
친구들도 자연스레 끌리고,
선생님은 그런 지훈이가 있어
항상 고맙고 든든하다.

지훈아,
네가 책을 읽으며 더 넓은 세상을 만나고
글을 쓰며 네 마음을 더 깊이 남긴다면,
앞으로의 길은 더욱 단단하고 아름다울 거야.

지금처럼 성실하고 맑게,
밝고 멋지게 자라나는 네 모습을
선생님은 언제나 응원한단다.

에필로그
「아이들은 시가 된다」

이야기 속 아이들은
오늘도 어딘가를 걷고 있습니다.

말 한마디에 용기를 내고,
칭찬 한 줄에 얼굴을 밝히고,
때론 넘어지며, 다시 일어나며
자신만의 이야기를 써내려 갑니다.

삶의 순간순간 그 아이들은 모두 시가 되어
내게 말을 걸었습니다.

이 글을 읽는 당신에게도 그 시가,
그 마음이 닿기를 바랍니다.

이 책이 닫혀도,
아이들의 시는 계속됩니다.

글공작소비전 출판사

한 줄의 글은 작은 씨앗과 같습니다. 누군가의 마음에 떨어져 뿌리내리고, 시간이 지나 꽃과 열매를 맺습니다. 글공작소비전 출판사는 그 씨앗을 심는 일을 기꺼이 맡으려 합니다.

삶의 결을 기록하고, 잊히기 쉬운 이야기에 빛을 비추며, 책이라는 토양 위에 새로운 의미를 길러내고자 합니다. 《내가 만난 아이들》은 그 첫 번째 열매이자, 앞으로 펼쳐질 숲의 시작입니다.

작가의 말

처음엔 그저 아이들의 이름을 적고 싶었습니다.
말을 걸고, 응원하고, 기억하고 싶었기 때문입니다.
그러다 보니 어느새 그 아이들은 한 편의 시가 되어 있었습니다.
수줍게 웃는 모습도, 엉뚱한 질문도, 갑자기 눈물을 보이던
순간도 모두 시가 되어 제 마음에 남았습니다.

이 시집은 완성된 시보다
'그 아이'라는 존재의 기록입니다.
부족하고 서툴더라도 진심을 담고자 했습니다.

시를 쓰며 저는 더 많이 웃었고,
아이들을 통해 저 자신도 배워가는 중입니다.
이 책을 펼친 당신에게도,
그 따뜻한 순간들이
한 줄의 시로 닿기를 바랍니다.

삶의 한 켠에서,
아이들 곁에서.

정가: 12,000원

ISBN: 979-11-994458-0-2